아달라왕은 자연재해로 큰 피해를
입어 백성들의 원망을 많이 샀어요.
이에 벌휴왕은 백성들의 마음을 얻고자
노력하였고, 백제의 침입도 물리칠 수 있었어요.
내해왕은 가뭄과 홍수, 지진 등을 이겨 내며
백제, 말갈, 왜의 침입을 간신히 물리쳤어요.
조분왕은 북쪽으로 영토를 넓혔지요.
자, 신라의 역사 속으로 들어가 볼까요?

추천 감수 **박현숙**(고대사)

고려대학교 사범대학 역사교육과를 졸업하고 동 대학원에서 문학박사 학위를 받았습니다. 현재 고려대학교 사범대학 역사교육과 교수로 재직 중이며, 백제 문화와 고대 인물사 등에 대한 활발한 연구를 계속하고 있습니다. 쓴 책으로 〈백제의 중앙과 지방〉, 〈한국사의 재조명〉 등이 있습니다.

추천 감수 **정구복**(고려사 · 조선사)

서울대학교 사범대학 역사교육과를 졸업하고 서강대학교에서 문학박사 학위를 받았습니다. 한국학중앙연구원 한국학대학원의 교수로 재직 중이며, 한국학중앙연구원 한국학대학원 원장을 역임하였습니다. 쓴 책으로 〈한국인의 역사 의식〉, 〈역주 삼국사기〉, 〈한국 중세 사학사 1, 2〉 등이 있습니다.

추천 감수 **김한종**(근현대사)

서울대학교 사범대학 역사교육과를 졸업하고 동 대학원에서 역사교육을 전공하여 문학박사 학위를 받았습니다. 현재 한국교원대학교 교수로 재직 중입니다. 쓴 책으로 〈역사 교육 과정과 교과서 연구〉, 〈역사 교육의 내용과 방법〉(공저), 〈한 · 중 · 일 3국의 근대사 인식과 역사 교육〉(공저), 〈역사 교육과 역사 인식〉(공저) 등이 있습니다.

고증 **문중양**(과학사)

서울대학교 계산통계학과를 졸업하고 동 대학원에서 이학박사 학위를 받았습니다. 쓴 책으로 〈우리 역사 과학 기행〉, 〈우리의 과학문화재〉(공저), 〈세종의 국가 경영〉(공저) 등이 있습니다.

고증 **정연식**(생활사 및 복식)

서울대학교 국사학과를 졸업하고 동 대학원에서 문학박사 학위를 받았습니다. 쓴 책으로 〈조선 시대 사람들은 어떻게 살았을까?〉(공저), 〈일상으로 본 조선 시대 이야기 1, 2〉 등이 있습니다.

글 **박영규**

1996년 밀리언셀러 〈한권으로 읽는 조선왕조실록〉을 출간한 이후 〈한권으로 읽는 고려왕조실록〉, 〈한권으로 읽는 백제왕조실록〉, 〈한권으로 읽는 신라왕조실록〉 등 '한권으로 읽는 역사 시리즈'를 펴내면서 쉽고 재미있는 역사책 읽기의 바람을 일으켰습니다. 그 외에도 〈교양으로 읽는 한국사〉 등의 많은 역사책을 썼습니다.

그림 **박준**

추계예술대학교 동양화과를 졸업하였습니다. 현재 프리랜서 일러스트레이터로 활동하고 있습니다. 그린 책으로 〈가까이 보는 자연 이야기〉, 〈한국 대표시 100〉, 〈구운몽〉, 〈서유견문〉, 〈생각쟁이 인물〉 등이 있습니다.

이미지 제공

연합포토, 중앙포토, 국립중앙박물관, 국립부여박물관, 국립경주박물관, 국립민속박물관, 유연태(사진작가), 허용선(사진작가)

광개토 대왕 이야기 한국사 23 신라

안팎으로 시달리는 작은 나라

총기획 및 발행인 박연환
발행처 (주)한국헤르만헤세
출판등록 제17-354호
연구개발원 경기도 성남시 분당구 금곡동 444-148
대표전화 (031)715-7722
팩스 (031)786-1100
본사 서울시 송파구 석촌동 7-3
대표전화 (02)470-7722
팩스 (02)470-8338
고객문의 080-715-7722
편집 임미옥, 백영민, 윤현주, 지수진, 최영란
디자인 장월영, 주문배, 김덕준, 김지은

ⓒ Korea Hermannhesse

이 책의 표지는 일반 용지보다 1.5배 이상 고가의 고급 용지인 드라이보드지를 사용해 제작하였습니다. 표지를 드라이보드지로 제작하면 습기의 영향을 덜 받기 때문에 본문 용지가 잘 울지 않고, 모양이 뒤틀리지 않아 책을 오랫동안 보존할 수 있습니다.

이 책은 기존의 석유 잉크 대신 친환경 식물성 원료인 대두유 잉크를 사용하여 인쇄하였습니다. 대두유 잉크는 선진국에서 널리 사용하고 있는 고가의 대체 잉크로, 휘발성이 적어 인쇄 상태의 보존이 용이하고, 인체에 무해할 뿐만 아니라 눈에 부담을 주지 않는 자연스러운 색을 내는 특징이 있습니다.

안팎으로 시달리는
작은 나라

감수 **박현숙** | 글 **박영규** | 그림 **박준**

한국헤르만헤세

천재지변에 시달리는 아달라왕

7척 거인 아달라왕

일성왕의 뒤를 이은 아달라왕을 보고 백성들은 눈을 떼지 못했어요.

아달라왕은 키가 7척이나 되어 보통 사람은 그의 어깨에 겨우 닿았어요.

"우아, 정말 거인 왕이시다!"

"코도 크고, 턱도 튀어나와서 좀 무서워!"

왕이 되어 그가 맨 처음 한 일은 나라 곳곳에 길을 닦는 것이었어요.

나라의 기틀을 튼튼히 하기 위해서였지요.

"나라를 마음대로 다닐 수 있도록 길을 내도록 하라. 그래야 곡식도

빨리 옮길 수 있고, 전쟁에 필요한 물건도 잘 나를 수 있느니라!"

길을 닦자 사람들은 필요한 물건을 보다 빠르고 쉽게 얻게 되었어요.

"길이 나니까 물건을 옮기기가 훨씬 편해."

"그것뿐인 줄 아나? 군사들이 길을 따라 움직여 나라를 넓혔대."

아달라왕은 새로 난 길로 군사들을 움직여 땅을 넓혔어요.

"얼씨구 좋다! 신라가 정말 살기 좋아졌네!"

"그러게 말이야. 이게 다 똑똑한 아달라왕 덕분이지."

물자가 잘 돌아가고, 농사지을 땅도 넓어지자

백성들의 입에서는 노랫가락이 떠날 때가 없었어요.

주변국이 신라를 넘보지 못하고 있었지만,
아달라왕은 경계를 늦추지 않았어요.
"나라를 지키느라 너희가 고생이
많구나. 군복을 넉넉히 챙겨
왔으니 다들 힘을 내길 바란다."
아달라왕은 북쪽 국경에 가 군사들의
사기를 북돋아 주었어요.

인상이
무섭다!

아달라왕은 역시
거인이야.

하지만 왕이 된 지 7년이 지나면서부터 아달라왕에게 시련이 왔어요.

신라 곳곳에서 홍수와 가뭄, 메뚜기 떼가 번갈아 나타난 거예요.

"왕이 나쁜 짓을 한 게 틀림없어. 하늘이 노해 이런 벌을 내린 거야."

백성들은 왕을 원망했어요.

그러자 아달라왕은 백성들의 마음을 돌리려 온 힘을 쏟았어요.

'백성들을 직접 만나 위로하고 다독이자.'

아달라왕은 방방곡곡을 돌며 백성들을 만났어요.

둑을 쌓는 곳이나 국경의 군사들이 있는 곳에 가기도 하고,

병이 든 백성들에게 약초를 전하기도 했어요.

아달라왕은 최선을 다했지만, 백성들의 불안한 마음은 그대로였어요.

나라가 어수선하자 왕위를 빼앗으려는 사람도 나타났어요.

바로 '아찬' 길선이었어요.

"뭐, 길선이 반란을 꾀한다고? 당장 그자를 잡아들여라!"

그 사실을 알게 된 아달라왕은 급히 군사를 보냈어요.

'이런, 반란 계획이 들통 났으니 백제로 도망가는 수밖에 없군.'

길선은 자신의 계획이 실패하자 곧장 산길을 따라 백제로 달아났어요.

백제의 개루왕은 길선을 반갑게 맞이했어요.

"신라에서 큰 고생을 하였소. 그대는 나를 도와

우리가 신라와 싸울 때 길을 알려 주기 바라오."

"이제부터는 백제를 위해 이 몸을 바치겠습니다."

길선은 고개를 숙이며 충성을 맹세했어요.

쏴아아~

이 사실을 알게 된 아달라왕은 크게 화를 냈어요.

"백제의 왕에게 당장 길선을 돌려보내라 하시오!"

신라의 사신은 서둘러 백제로 떠났어요. 사신은 아달라왕의 말을
전했지만 백제의 개루왕은 꿈쩍도 하지 않았어요.

"길선은 그대의 나라가 싫어 내게 왔으니, 이제 우리 백제 사람이다."

아달라왕의 얼굴은 벌겋게 달아올랐어요.

"죄인을 감싸 주다니 그냥 넘어갈 수 없다. 백제를 쳐 정의를 세우리라!"

백제군은 성문을 굳게 닫고, 화살을 쏘아 대며, 뜨거운 물을 부었어요.

결국 아달라왕은 군사를 물릴 수밖에 없었어요.

이 무렵, 백제에서는 개루왕이 죽고 초고왕이 그 뒤를 이었어요.

"신라가 감히 우리를 건드렸단 말이지? 이번에 아주 혼쭐을 내주마."

개루왕과는 달리 매우 대범했던 초고왕은 신라와의 싸움에 나섰어요.

백제군은 단숨에 신라의 성 두 개를 빼앗고 백성들을 잡아갔어요.

"오냐, 한번 붙어 보자는 게지? 내가 직접 백제군을 상대해 주마."

아달라왕은 흥선이라는 신하를 불렀어요.

"먼저 군사 2만 명을 데리고 백제를 공격하도록 하라.

병사 8,000명을 데리고 내가 그 뒤를 따르겠다."

아달라왕은 날쌘 말을 타고 백제를 향해 떠났어요.

신라군의 규모를 알게 된 초고왕은 깜짝 놀랐어요.

"신라가 그렇게 많은 군사를 이끌고 오다니, 그게 사실이냐?"

"예, 폐하. 신라군이 막강하니 싸움을 피해야 합니다."

신하들의 설득에 초고왕은 할 수 없이 포로들을 신라에 돌려보냈어요.

"백제가 우리 백성들을 풀어 줬으니 군사를 물리도록 하겠소."

아달라왕은 못 이기는 척 초고왕의 항복을 받아 주었어요.

나라의 힘이 약해져 오래 싸움을 할 여유가 없었거든요.

이 일로 마음이 상한 초고왕은 신라를 공격할 기회만 노리고 있었어요.

그러던 중 신라에 큰 지진이 나고 우박, 서리로 농사를 망치자,

초고왕은 170년 10월에 마침내 신라를 공격했어요.

"이처럼 좋은 기회는 다시 오지 않는다. 어서 공격하라!"

백제군은 신라에 쳐들어가 마을을 불태우고 사람들을 잡아갔어요.

하지만 아달라왕은 백제와 맞서 싸울 수가 없었어요.

"나라의 힘이 약해서 백제와 맞서 싸울 수 없으니 원통하구나!"

아달라왕은 가슴을 쳤지만 어쩔 수 없었어요.

아달라왕의 시련은 거기서 끝나지 않았어요.

172년에는 전염병이 돌고, 174년에는 흙비가 내리고 가뭄이 들었어요.

아달라왕에게 더 큰 시련이 다가오고 있었어요.

왕비가 아달라왕을 배신했던 거예요.

아달라왕의 왕비와 이매

"당신이 있어 왕의 자리가 든든하오."

아달라왕은 왕비인 내례 부인에게 고마워했어요.

천재지변으로 백성들의 원성이 자자했지만, 왕비의 집안이

뒤를 보살펴 주어 왕위를 굳건히 지킬 수 있었거든요.

그런데 왕비가 마음이 바뀌어 다른 남자인 이매와 사귀게 되었어요.

이매는 석탈해의 후손인 벌휴의 둘째 아들이었어요.

"왕비가 나를 배신하고, 이매와 만나다니 괘씸하구나!"

아달라왕은 화가 났지만 어쩔 수 없었어요. 당시에는 남편이 있는

여자가 다른 남자와 사귀는 것은 아주 흔한

일이었거든요.

내가 왕위를
호락호락 내어 줄 것
같으냐?

'내가 왕비와 만나고 있으니,

왕이 되는 것도 어렵지 않겠군.'

이매는 왕비와 사귀면서 왕이

되고 싶은 욕심이 생겼어요.

"신라가 약해진 건 왕의 잘못이오.

그러니 왕을 바꾸는 게 어떻겠소?"

"맞아요. 당신이 왕이 된다면 신라는 다시 강해질 수 있을 거예요."

왕비도 이매의 편이 되어 아달라왕을 밀어내려고 했어요.

"하하하, 어리석은 것들. 내가 쉽게 물러날 줄 아느냐!"

그러나 아달라왕은 호락호락하지 않았어요.

아달라왕과 이매는 이때부터 거의 10년간 치열한 싸움을 벌였어요.

이 와중에 아달라왕과 이매 모두 세상을 떠나고 말았지요.

아달라왕과 이매가 죽자 왕위는 벌휴에게 돌아갔어요.

이매의 아버지인 벌휴는 왕이 되고 나서 석씨 집안뿐만 아니라

내례 부인 집안과도 손을 잡았어요.

그리고 벌휴왕의 뒤는 내례

부인의 아들이 잇게

되었어요.

민심을 얻으려고 노력한 벌휴왕

예언 능력을 가졌다는 소문을 퍼뜨리다

아달라왕이 백성들에게 믿음을 잃는 걸 지켜본 벌휴왕은 고민했어요.

'어떻게 하면 백성들의 마음을 붙잡아 둘 수 있을까?'

그러다 기막힌 꾀를 생각해 냈어요.

벌휴왕은 믿을 만한 신하들을 불렀어요.

"너희는 지금부터 백성들에게 소문을 퍼뜨리도록 해라."

"예, 어떤 소문을 퍼뜨릴까요?"

"우선 내가 홍수와 가뭄을 미리 알 수 있다고 하거라."

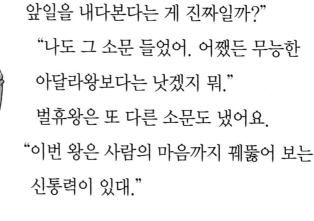

헛소문을 퍼뜨린 벌휴왕은 참 황당해.

맞아, 날씨를 알아맞히고 마음을 읽는 신통력을 가진 사람이 어딨어?

신하들은 거짓말인 줄 알면서도 벌휴왕의 명령을 따랐어요.

"왕께서 바람과 구름을 보고 점을 쳐 앞일을 내다본다는 게 진짜일까?"

"나도 그 소문 들었어. 어쨌든 무능한 아달라왕보다는 낫겠지 뭐."

벌휴왕은 또 다른 소문도 냈어요.

"이번 왕은 사람의 마음까지 꿰뚫어 보는 신통력이 있대."

"아휴, 무서워. 그게 사실이면 반란은 꿈도 못 꾸겠군."

소문은 점점 퍼져 온 백성의 귀에 들어가게 되었어요.

벌휴왕은 자신의 말을 듣지 않는 자가 있으면 반란을 일으킬 마음을

품고 있는 것이 보인다며 큰 벌을 주기도 했어요.

백성들은 그런 벌휴왕을 고운 눈으로만 보지는 않았어요.

"신통력이 있다지만 이번 왕은 너무 많은 사람들을 죽였어."

"맞아. 그런 왕에게 무슨 기대를 할 수 있겠어?"

벌휴왕은 백성들이 자신을 따르지 않자 다른 방법을 썼어요.

"오랫동안 백성들이 고생을 했으니, 내가 직접 그들을 위로할 것이다."

벌휴왕은 몇몇 신하들을 데리고 전국 방방곡곡을 돌아다녔어요.

벌휴왕은 나라를 안정시키기 위해 온갖 노력을 다했어요.

그 노력은 결실을 맺어 백성들은 서서히 벌휴왕을 따르기 시작했어요.

▲ 조문국 경덕왕릉

조문국은 경북 의성에 있던 부족 국가였어. 벌휴왕이 정복했지.

백성들의 마음을 돌려놓는 것 말고도, 벌휴왕에게는 큰 골칫거리
하나가 있었어요. 바로 백제였어요.

백제의 초고왕은 아달라왕에게 항복한 뒤로도 계속해서
신라의 국경을 공격해 왔어요.

"백제가 계속 공격을 해 오니 이대로 있을 수만은 없는 일입니다."

"그렇다. 저들은 원하는 것을 얻기 전까지 계속 싸움을 걸어올 것이다."

싸움이 그치지 않자 벌휴왕은 대책을 세워야 했어요.

"신라나 백제 중 하나가 항복을 해야 이 싸움이 끝날 것 같으니,
군사들을 준비시켜라. 이번에 한판 승부를 내야겠다."

벌휴왕은 구도라는 장수를 불렀어요.

"그대에게 군사를 줄 터이니 백제군을 물리치도록 하라."

싸움터에 나간 구도는 용감하게 싸워 백제군 500명의 목을 베었어요.

"백제 놈들아, 내 솜씨가 어떠하냐! 이래도 우리 신라를 넘보겠느냐!"

그러나 초고왕은 구도에게 크게 당한 뒤에도 포기하지 않았어요.

"쉽게 물러설 싸움이라면 시작도 안 했을 것이다. 신라를 공격하라!"

백제군과 신라군은 서로 밀고 밀리면서 지루한 싸움을 계속했어요.

그때마다 구도는 크게 활약했어요.

구도는 백제군 사이를 마구 휘젓고 다니면서 큰 공을 세웠어요.

"신라의 구도는 뛰어난 장수이니 기회를 잘 살펴 싸우도록 하라."

구도에게 몇 번이나 호되게 당한 백제군은 점차 공격을 멈추었어요.

벌휴왕은 반란으로 왕이 되었어요.

하지만 많은 노력으로 백성들의 마음을 얻는 데 성공했지요.

또 당시 한반도에서 가장 강한 나라였던 백제의 침입도 물리쳤어요.

이로써 신라는 다시 한 번 그 힘을 내보일 수 있게 되었어요.

석탈해에 이어 신라에 석씨 왕조가 자리 잡은 거예요.

백성들의 축복 속에 왕위에 오른 내해왕

가야를 손에 넣다

'벌휴왕이 왕이 되는 걸 그대로 두고 본 건 내 아들 때문이었어.'

벌휴왕이 죽자, 내례 부인은 감추어 두었던 속내를 드러냈어요.

'이제 때가 됐으니 내 아들을 왕으로 만들겠어.'

내례 부인은 신하들을 불렀어요.

"이제 벌휴왕도 죽었으니 내 아들의 차례요.

그대들이 나를 도와주시오."

내해왕은 어머니인 내례 부인 덕분에 왕이 되었구나.

맞아. 내례 부인은 신라 최고의 권력자였거든.

신하들은 신라 최고 권력자인 내례 부인의 말을 무시할 수 없었어요.

"왕위를 이을 벌휴왕의 아들 골정 태자는 세상을 떠났으니 저희들도 왕비님의 생각과 같사옵니다."

"그렇습니다. 골정 태자에게 아들이 있기는 하나 나이가 너무 어려 왕이 되기 어렵습니다."

이렇게 해서 내례 부인의 아들이 신라 제10대 왕이 되었어요.

내해왕이 왕위에 오르기 위해 식을 거행하고 있을 때였어요.

"아니, 하늘에 먹구름이 몰려오고 있어!"

"이 가뭄에 비가 온다면 하늘이 새로운 왕을 반기는 거나 다름없지."

먹구름은 곧 천둥과 함께 비가 되어 논밭을 촉촉이 적셨어요.

하늘에 제사를 지내고 머리에 왕관을 쓰려던 내해왕도 매우 기뻤어요.

백성들의 축복 속에 왕위에 오른 내해왕은 편안하게 나랏일을 보았어요.

그러나 내해왕에게도 시련이 닥쳐왔어요.

나라에 홍수가 나 집과 농작물들이 휩쓸려 갔고, 뒤이어 가뭄이

들었어요. 또 갑작스러운 우박과 큰 지진이 일어나 많은 사람들이

목숨을 잃었어요.

내해왕은 어려움에 빠진 백성들을 달래기 위해 애썼어요.

▲ 신라 시대의 시루와 바리

신라 시대에 밥과 떡을 찌던 찜기와 음식을 담던 그릇이야.

겨우 천재지변의 재앙은 이겨 냈지만 내해왕에게는
또 다른 어려움이 닥쳐왔어요.
신라의 혼란을 틈타 백제, 말갈, 왜가 공격을 해 온 거예요.
"천재지변으로 힘이 약해진 지금이 신라를 칠 좋은 기회다!"
신라는 아직 군사들을 움직이는 일이 쉽지는 않았어요.
"식량을 최대한 모으고, 성을 굳게 지켜라!"
내해왕은 성의 방비를 튼튼하게 했어요.
또 군사들의 식량을 마련하는 데 온갖 노력을 다했지요.
그 결과 적의 공격을 간신히 막아 낼 수 있었어요.

천재지변을 이기고, 주변국의 침략을 물리친 내해왕은 다시 백성들을
기쁘게 할 일을 이루었어요. 가야를 손에 넣은 거예요.
"가야를 얻었으니, 이것은 신라의 꿈을 이룬 것이다!"
본래 금관가야가 나머지 다섯 가야를 지배하고 있었어요.
그런데 199년에 거등왕이 금관가야의 왕이 되자 문제가 생겼어요.
나머지 다섯 가야가 들고일어난 것이었어요.
"신라와 손을 잡는다면, 다른 가야들도 꼼짝 못할 것입니다."

신하의 말에 거등왕은 고개를 갸웃거렸어요.

"신라는 우리와 사이가 좋지 않은데 우리를 도와줄까?"

"신라도 가야를 두려워하니, 우리가 손을 내밀면 반가워할 것입니다."

거등왕은 즉시 신라에 사신을 보냈어요.

신라는 가야가 먼저 도움을 요청한 것이 고맙기만 했어요.

'가야에서 먼저 손을 잡자니 이는 가야를 얻을 좋은 기회다.'

209년에 금관가야를 나머지 가야군이 공격했어요.

갑작스러운 공격에 당황한 거등왕은 신라에 도움을 청했어요.

내해왕은 기다렸다는 듯이 금관가야로 군사들을 보냈어요.

"우로 태자와 이음 왕자는 지금 즉시 금관가야로 가서 다섯 가야를
물리쳐라. 이번 싸움에서 이기면, 우리는 가야를 얻게 될 것이다."

신라군은 반란을 일으킨 장수들을 모조리 죽이고,

6,000명이 넘는 포로를 잡아 신라로 돌아왔어요.

이때부터 신라는 가야를 다스리기 시작했어요.

내해왕은 가야를 확실히 자기 것으로 하고 싶었어요.

"가야의 왕은 왕자를 신라로 보내도록 하라.

만약 허튼짓을 한다면 왕자의 목숨이 위태로울 것이다."

가야에게는 매우 자존심이 상하는 일이었어요.

"우리 금관가야의 왕실을 마음대로 하겠다는 것이 아니냐?"

그러나 가야는 나라가 기울어 스스로 왕실을 지킬 수 없었어요.

결국 가야는 왕자를 신라로 보내야 했어요.
그 뒤, 신라는 시시콜콜한 일까지 간섭하며 가야를 손에 넣었어요.
나라를 위기에서 구해 주었다는 걸 내세워 가야를
야금야금 먹어 갔던 거예요.

까악 까악

가야의 앞날이
걱정이야.

신비로운 가야

가야는 가락, 가라, 구야 등으로도 불렸어요.

〈삼국사기〉에서는 금관가야와 나머지 다섯 가야로 나누었지만,

아홉 개, 또는 열 개의 가야국이 있었다고 전하기도 해요.

원래 가야는 삼한 시대의 변한 12국이 모여 만든 나라였어요.

이들은 하나의 나라가 아니라 부족들끼리 따로따로 나라를 만들고,

금관가야를 중심으로 뭉친 큰 연맹체였지요.

가야 연맹이 만들어진 때는 42년이었고, 이 연맹을 이끈 사람은

김수로왕이었어요.

가야는 대부분 낙동강 주변에 모여 있었어요.

그래서 '가야'라는 말이 '강'을 뜻한다고 말하는 사람도 있어요.

▲ 6가야 연맹

가야는 인구가 적어 군대가 없었어요.

그래서 고구려, 백제, 신라가 호시탐탐 가야를 노리고 있었어요.

이런 상황에서 가야는 520년이나 버티었어요.

562년 신라에 무너지기까지 가야가 그토록 오랜 세월을 견딜 수 있었던

것은 바로 경제력 때문이었어요.

가야는 섬진강과 낙동강, 남해안을 끼고 있어 무역에 적합했어요.

백제, 신라, 왜는 가야를 중심으로 물건을 사고팔았지요.

가야는 국제 무역의 중심지였던 거예요.

가야와 무역을 하던 나라 중에는 고구려와 중국도 있었어요.

또한 가야는 왜와의 교류가 매우 활발했어요.

일본의 규슈 지역은 가야 사람들이 다스린 적도 있었지요.

▲ 가야의 토기

29

우로와 함께 나라를 지킨 조분왕

든든한 신하, 우로

내해왕은 아들 우로가 있었지만, 왕위는 조분에게 물려주고자 했어요.

평소 조분을 크게 믿고 있었던 데다 신라를 안정시키기 위해서였어요.

"왕위를 조카인 조분이 잇게 하는 게 어떻겠소?"

"조분은 벌휴왕의 맏아들이자 태자였던 골정의 큰아들이니

왕위를 이어받는 데 문제가 없을 것이옵니다."

백성들이나 신하들은 조분이 왕이 되는 걸 반대하지 않았어요.

"내해왕이 조분에게 왕위를 물려준 건 당연해.

조분은 생김새도 반듯한 데다 영리해서 나랏일을 잘 돌볼 거야."

"또한 조분이 왕이 되어야 나라가 안정될 것이야."

당시 신라는 부족별로 돌아가며 왕을 세웠어요.

그런데 우로가 왕이 되면 이 세력들 간에 다툼이 벌어질 수도 있었어요.

신하들이 조분을 반대하지 않은 건 이 때문이었어요.

"잠깐, 조분이 왕이 되면 우로 태자는 어떻게 되는 거야?"

우로는 전쟁에 나가 큰 공을 세웠고, 인품도 훌륭하여 신하들과

백성들이 잘 따랐거든요.

조분은 왕이 되자마자 우로에게 대장군이라는 큰 벼슬을 내렸어요.

"조분왕이 우로에게 대장군 벼슬을 주었으니 큰 반발은 없을 거야."

대장군은 믿을 수 있는 신하에게만 맡기는 매우 중요한 자리였어요.

"조분왕과 우로 대장군이 나라를 다스리니 모든 게 순조롭군."

내해왕의 생각대로 조분왕이 뒤를 잇자 각 세력들은 모두 만족했어요.

또 우로와 조분왕 사이에 왕위를 두고 다툼이 일어나지 않았어요.

그래서 조분왕은 편안하게 나랏일을 돌볼 수 있었지요.

나라가 안정되자 조분왕은 감문국을 공격했어요

"대장군, 감문국을 칠 좋은 기회가 왔소."

"그렇습니다. 감문국은 본래 군사력이 약합니다.

거기다 지금 가야는 힘이 약해 감문국을 도울 수 없을 것입니다."

"그렇다면 우로 대장군은 서둘러 군사를 이끌고 가 감문국을 치시오."

감문국은 원래 가야에 속해 있는 나라였는데,

가야의 힘이 약해지자 조분왕이 그 틈을 노린 거예요.

우로는 매우 손쉽게 감문국을 차지했어요.

다급해진 금관가야의 왕이 다른 가야의 왕들에게 말했어요.

"이렇게 넋 놓고 당할 수는 없으니 다들 방법을 생각해 보시오."

"빨리 다른 나라에 도움을 청하는 게 좋겠습니다."

가야의 왕들은 다른 나라의 도움을 받고자 했어요.

"백제는 우리 땅을 노리고 있는 데다가, 거리가 가까워 언제 전쟁을

일으킬지 모르니 안 됩니다."

"그렇다면 무역을 통해 우리 땅에서 많은 이득을 보고 있는 왜에

도움을 요청합시다."

"좋은 생각입니다. 왜가 신라를 치게 되면 신라도 정신이 없어서
우리를 가만히 놔둘 것입니다."
왜는 당시 가야와 매우 가깝게 지내고 있었어요.
"가야국의 부탁이니 우리가 신라를 치도록 하겠소."
왜는 231년 4월에 몇 천 명의 병사들을 이끌고 신라를 공격했어요.
수백 척에 이르는 왜군의 배가 다가오자 조분왕은 당황했어요.
"왜가 무슨 이유로 우리 신라로 쳐들어왔단 말이냐?"

우로는 잠시 생각에 잠기더니 곧 대답했어요.

"아마도 가야의 계략인 것 같습니다."

"가야의 계략에 왜가 넘어갔단 말이오?"

"왜도 자신들의 큰 시장인 가야를 잃고 싶지 않을 것입니다.

또 우리 신라를 차지해 대륙으로 나갈 길을 열려는 것입니다."

조분왕은 급히 군사를 모았어요.

하지만 왜군은 이미 신라의 앞바다에 내린 뒤였어요.

왜군은 눈 깜짝할 사이에 신라의 도읍인 금성까지 밀고 들어왔어요.

"왕인 내가 직접 나설 것이니, 모두 나와 함께 신라를 지키자!"

"왕이 직접 군사를 이끌고 있다. 우리도 힘을 모아 나라를 구하자!"

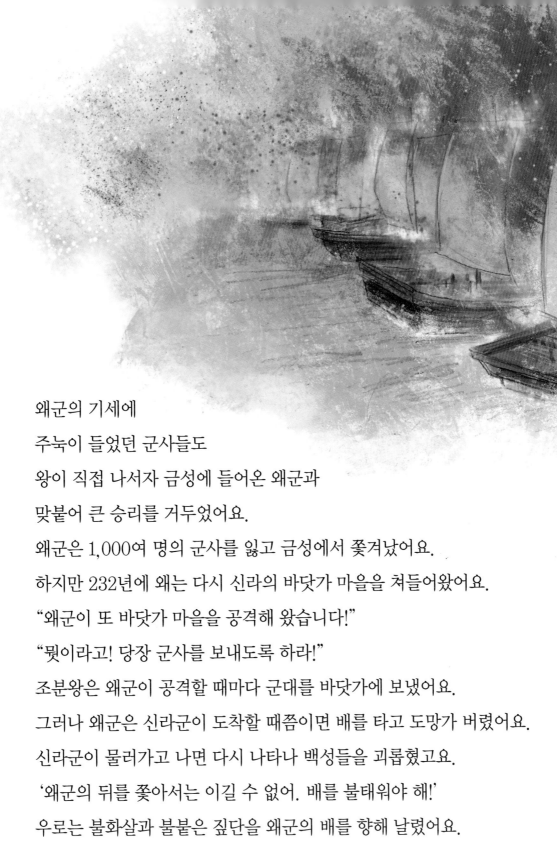

왜군의 기세에
주눅이 들었던 군사들도
왕이 직접 나서자 금성에 들어온 왜군과
맞붙어 큰 승리를 거두었어요.
왜군은 1,000여 명의 군사를 잃고 금성에서 쫓겨났어요.
하지만 232년에 왜는 다시 신라의 바닷가 마을을 쳐들어왔어요.
"왜군이 또 바닷가 마을을 공격해 왔습니다!"
"뭣이라고! 당장 군사를 보내도록 하라!"
조분왕은 왜군이 공격할 때마다 군대를 바닷가에 보냈어요.
그러나 왜군은 신라군이 도착할 때쯤이면 배를 타고 도망가 버렸어요.
신라군이 물러가고 나면 다시 나타나 백성들을 괴롭혔고요.
'왜군의 뒤를 쫓아서는 이길 수 없어. 배를 불태워야 해!'
우로는 불화살과 불붙은 짚단을 왜군의 배를 향해 날렸어요.

한번 불이 붙자 왜군의 배는 순식간에 타버렸어요.

우로는 이 싸움에서 큰 승리를 거두었어요.

조분왕은 우로를 불러 칭찬을 아끼지 않았어요.

"두 달 동안 뒤만 쫓던 왜군을 대장군이 물리쳤으니 대단하오.

왜군들은 한동안 신라 근처에 얼씬거리지도 못할 것이오."

조분왕의 말대로 왜군들은 한동안 신라 주변에 나타나지 않았어요.

조분왕은 이 기세를 몰아 신라의 땅을 넓히기로 했어요.

"고구려에 무너진 낙랑의 땅을 빼앗도록 하시오."

조분왕은 우로에게 재상의 벼슬을 내리고 나서 명령을 내렸어요.

우로는 군사를 이끌고 낙랑 땅으로 나아갔어요.

그러자 고구려의 동천왕은 남쪽으로 군사들을 보냈어요.

"우리가 빼앗은 낙랑의 땅을 가로채려 한 신라를 용서할 수 없다!"

고구려군은 대륙을 누비던 강한 군대로 신라군에게는 벅찬 상대였어요.

우로는 싸움에 지고 추위에 떠는 군사들에게

직접 모닥불을 피워 주며 상처를 어루만져 주었어요.

"고구려군이 강하다고는 하나 이길 수 없는 군대는 아니다.

더 나은 미래를 위해 이 싸움에서 반드시 승리하도록 하자."

우로의 말과 행동에 군사들은 크게 감동했어요.

신라군이 힘겨운 싸움을 하고 있을 때 동천왕은 위나라 관구검을

물리치기 위해 군사를 북쪽으로 돌렸어요.

"장군, 고구려군이 위나라와 싸우기 위해 환도성으로 갔습니다!"

"지금이 기회다. 어서 낙랑의 방비를 튼튼히 하도록 하라!"

고구려군이 빠져나가자 우로는 쉽게 낙랑의 땅을 지킬 수 있었어요.

조분왕은 우로를 기쁘게 맞이했어요.

"고구려군을 물리치고 낙랑을 차지했으니 그대는 신라의 영웅이오!"

이렇게 조분왕은 우로와 함께 북쪽으로 영토를 넓혀

신라의 이름을 널리 알렸어요.

토우, 신라인의 생활을 흙으로 담아내다

토우는 사람의 모습뿐만 아니라 동물이나 생활 용구, 집 등을 흙으로 만든 것을 말해요. 토우는 삼국 가운데 신라에서만 발견되어 신라의 독특한 예술 양식이라 할 수 있어요. 토우를 보면 신라 사람들이 어떻게 살았는지, 어떤 생각을 했는지 엿볼 수 있답니다.

❀ 토우는 어떤 모습일까?

신라의 토우는 1926년 경북 경주 미추왕릉 주변의 여러 고분에서 처음 발굴되어 세상에 모습을 드러냈어요. 1970년대 이후 경주 황남동, 용강동 지역의 고분에서도 발굴되었지요.

토우는 토기에 장식물로 붙어 있는 것과 독립적으로 만들어진 것이 있어요. 바지저고리를 입고 상투 튼 남자, 주름치마에 저고리를 입은 여자, 사냥하거나 고기 잡는 사람, 춤추는 사람, 노 젓는 사람, 가야금·비파·피리 등의 악기를 연주하는 사람 등 신라인들의 일상적인 모습이 고스란히 담겨 있어요.

요것은 우리 집 소가 틀림없구먼.

어라? 이것은 옆집 아주머니하고 똑같이 생겼는데?

▲ 토우 장식 항아리

❀ 토우는 왜 만들었을까?

토우를 만든 이유에는 여러 가지가 있어요. 장난감용으로 만들기도 했고, 주술적인 이유로 만들기도 했어요. 또 무덤 안에 시체와 함께 묻을 껴묻거리로도 만들었어요.

주술적인 의미를 가진 토우에는 여성상이 많아요. 이 여성상은 얼굴이나 손, 발 등을 간결하게 표현했고, 여성의 상징인 가슴과 엉덩이, 허리 등은 과장해서 표현하고 있어요. 왜 그렇게 만들었냐고요? 그것은 아이를 많이 낳게 해 달라는 기원을 담은 거예요.

✿ 토우를 통해 무엇을 알 수 있을까?

토우를 보면 당시의 생활 모습을 짐작할 수 있어요. 집 모양 토우는 신라 사람들이 살았던 집의 모습을 알 수 있어요. 앞쪽에 자그마한 사다리가 놓여 있고, 지붕에 골이 있는 점 등은 당시의 집을 복원하는 데 큰 도움이 되었지요. 심지어 신발의 모양도 짐작할 수 있어요.

금령총에서 말 탄 사람 모양의 토우가 발견되었어요. 이 말 엉덩이 위에는 아래로 구멍이 뚫린 등잔이 있고, 앞가슴에는 물을 따르는 긴 부리가 달려 있어 술병으로 사용했다는 것을 알 수 있어요.

▲ 말 탄 사람 모양의 토우

▲ 노인 얼굴 토우

▲ 노래하는 토우

▲ 연주하는 토우

▲ 피리 부는 토우

▲ 여자 토우

 한국사 돋보기

삼국 시대 사람들은 무슨 반찬을 먹었을까?

삼국 시대에는 먹을 것이 넉넉하지 않았어요. 오늘날은 누구나 쌀밥을 먹지만 당시에는 왕이나 귀족만이 먹을 수 있었지요. 백성들은 보리, 콩, 조 등으로 밥을 해 먹었어요.

반찬으로는 소금에 절인 각종 채소와 젓갈류를 먹었어요. 콩으로 만든 장도 먹었어요. 고기는 일 년에 한두 번밖에 먹지 못했어요. 왕과 귀족들은 자주 먹었지만, 백성들은 특별한 날에만 먹었지요. 고기의 종류로는 돼지고기, 닭고기, 사슴고기, 꿩고기 등이 있었어요. 고기는 불을 피워 놓고 즉석에서 구워 먹었다고 해요.

쌀밥과 고기는 귀족들이나 먹을 수 있었지.

신라의 일월 신화, 연오랑과 세오녀

바위를 타고 일본으로 건너간 연오랑과 세오녀 이야기를 들어 본 적 있나요? 연오랑 세오녀 이야기는 우리나라의 유일한 일월 신화예요. 일월 신화란 해와 달 이야기가 담겨 있는 신화를 말해요. 이를 통해 무엇을 알 수 있는지 알아보아요.

❀ 연오랑과 세오녀 이야기

신라에 연오랑과 세오녀라는 부부가 살고 있었어요. 그런데 어느 날 움직이는 바위가 연오랑을 싣고 왜나라로 갔어요. 바위가 움직여 일본으로 갔다는 것은 신라의 문화가 일본에 전해졌다는 것을 뜻해요.

한편 세오녀는 남편이 돌아오지 않자 바닷가로 갔다가 역시 움직이는 바위를 타고 왜나라로 갔어요. 그런데 연오랑과 세오녀가 왜나라로 간 뒤, 신라에서는 해와 달이 사라졌어요. 깜짝

▲ 연오랑과 세오녀 상

놀란 아달라왕은 왜나라에 사신을 보냈고, 연오랑은 왕비가 직접 짠 비단을 가지고 하늘에 제사를 지내면 해와 달이 빛을 찾는다고 말했어요. 과연 그렇게 했더니 다시 해와 달이 빛을 찾았답니다.

▲ 일월지

❀ 태양신에게 제사를 지냈던 영일만

연오랑과 세오녀의 자취는 영일만의 일월지에 남아 있어요. 연오랑과 세오녀가 일본으로 가 빛을 잃었을 때 비단을 짜서 제사를 지낸 곳이 영일만이에요. 오늘날까지도 지명으로 남아 있는 영일만은 '해를 맞이한다.'는 뜻을 담고 있어요. 당시 신라에서는 영일만에서 태양신에게 제사를 지냈을 것으로 짐작할 수 있어요. 신라도 일본처럼 해와 달을 숭배하고 하늘에 제사를 지냈다는 것이지요.

한눈에 보는 연표

우리나라 역사　세계 역사

150 ◀ 중국에 불교 전래

제8대 아달라왕 즉위 ➡ 154

연오랑, 세오녀 부부 ➡ 157
왜국으로 건너감

166 ◀ 로마 사절, 중국 방문

174 ◀ 아우렐리우스 황제, 〈명상록〉 지음

아달라왕릉

신라 제8대 아달라왕은 반란을 일으켜 도망간 아찬 길선을 내놓으라고 백제에 요구했어요. 백제 왕이 응하지 않자, 아달라왕은 백제를 공격했지만 싸움에 지고 말았어요.

180

제9대 벌휴왕 즉위 ➡ 184 ◀ 황건적의 난

조문국 점령 ➡ 185

구도, 백제군과 싸워 이김 ➡ 189

192 ◀ 조조가 병사를 일으킴

제10대 내해왕 즉위 ➡ 196

> 아달라왕은 2미터가 넘는 거인이었대.

▲ 조조의 초상화

200

가야, 신라에 화친 요청 ➡ 201

가야, 왕자를 볼모로 신라에 보냄 ➡ 212 ◀ 조조, 위왕이 됨

220 ◀ 후한 멸망, 삼국 시대 시작

226 ◀ 사산 왕조 페르시아 성립

아우렐리우스 기마상

마르쿠스 아우렐리우스는 로마의 변경 방어에 힘썼으며, 스토아 철학자이기도 했어요.

제11대 조분왕 즉위 ➡ 230

감문국을 멸망시킴 ➡ 231

235 ◀ 로마, 군인 황제 시대 시작

249 ◀ 고트 족, 로마 침입

> 아우렐리우스는 고대 로마의 지혜로운 황제였어.

▲ 가야의 투구